Lies mich! Frühling

Magazin in einfacher Sprache

Gisela Darrah

Neuauflage 2025

Impressum:

Verlag: BoD · Books on Demand GmbH,
Überseering 33, 22297 Hamburg, bod@bod.de
Druck: Libri Plureos GmbH, Friedensallee 273,
22763 Hamburg
ISBN: 978-3-7693-5554-3

Inhalt

Reportage

Welche Jahreszeit gefällt Ihnen am besten?

Wir Menschen heute sind nicht vom Wetter und den Jahreszeiten abhängig.

Tag und Nacht ist es hell. Wir können nachts das Licht anschalten. Im Sommer und im Winter ist es warm. Wir haben eine Heizung. Bei Regen und Schnee haben wir die passende Kleidung. Es ist also egal, ob es Frühling, Sommer, Herbst oder Winter ist. Es ist egal, ob wir Morgen, Mittag, Abend oder Nacht haben.

Trotzdem fühlen sich viele Leute im Winter müde und nicht so fit. Wir haben einige Menschen gefragt: „Welche Jahreszeit mögen Sie am liebsten? Wann fühlen Sie sich gutß Gibt es einen Unterschied?“

Renate Lind (34 Jahre): *Im Sommer mache ich viel Sport. Ich gehe schwimmen und ich jogge. Ich bin fit und aktiv. Aber im Winter, oh je! Da würde ich am liebsten nur schlafen.*

Herr und Frau Schott (38 und 42 Jahre): *Wir lieben den Winter. Jedes Jahr gehen wir in die Berge zum Skifahren. Das ist herrlich! Der weiße Schnee, die Sonne und die frische Luft!"*

Julia Dahlheim (53 Jahre): *Der Frühling ist die schönste Jahreszeit. Es ist ein schönes Gefühl, wenn die ersten Blumen blühen. Die ersten Schneeglöckchen, Krokusse, dann die Tulpen und Narzissen. Der Winter ist eine Zeit ohne Farben in der Natur. Alles ist grau, braun oder weiß. Dunkel. Das erste Grün im Frühjahr ist wie ein neues Leben.*

Albert Adler (48 Jahre): *Mir ist es egal. Ich bin Sportlehrer und konzentriere mich auf meine Arbeit. Bei jedem Wetter und in jeder Jahreszeit. Das ist doch bei den Leuten Einbildung. Wenn ein Mensch fit ist, fühlt er sich gut.*

Helene König (64 Jahre): *Frühling und Herbst sind meine liebsten Jahreszeiten. Der Winter ist unangenehm, kalt und dunkel. Der Sommer ist oft heiß, man schwitzt und kann sich nicht konzentrieren.*

Nasir Haddad (38): *Ich komme aus Tunesien. Ich liebe das heiße Wetter. Wenn es heiß ist, bin ich so richtig glücklich. Das ist wie zu Hause. Im Winter gehe ich ins Fitnessstudio. Im Sommer gehe ich ins Schwimmbad.*

Yasmin Cakir (45 Jahre): *Ich komme aus der Türkei. In meiner Heimal ist es auch oft heiß. Aber ich liebe den Regen. Ich bin auf einem Bauernhof aufgewachsen. Regen ist schön. Oft regnet es draußen und ich freue mich. Dann denken meine Freunde, dass mit mir etwas nicht stimmt. Warum? Im Regen wachsen die Pflanzen. Wir haben etwas zu essen. Regen ist toll.*

Irina Petrova (24): *Ich komme aus Russland, aus Nordsibirien. Wir haben sehr kaltes Wetter. Die Luft ist klar und trocken. Im Winter sind es oft minus 40 Grad. Im Sommer haben wir 15 bis 18 Grad. Natürlich liebe ich den Schnee und das kalte Wetter. Wenn es warm ist, bin ich oft müde.*

Und Sie? Welche Jahreszeit gefällt Ihnen am besten?

Wissen

Blumenzwiebeln

Es ist ein bisschen wärmer, die Tage sind ein bisschen länger, der Frühling kommt.

Sofort sind die ersten Frühlingsblumen da. Wie ist das möglich? Wie können sie so schnell wachsen? Die anderen Pflanzen brauchen noch viel Zeit.

Schneeglöckchen und Krokusse, Tulpen und Narzissen können so schnell wachsen, weil sie Zwiebeln haben. Diese liegen in der Erde ganz nah an der Oberfläche.

In den Zwiebeln sind Nährstoffe eingelagert. Eine trockene Außenhaut schützt die Zwiebel. In der Zwiebel ist schon eine Knospe mit der Anlage für Blätter und Stängel.

Nur deshalb kann die Pflanze so schnell

wachsen und Blüten bilden. Und wir können uns über die Gärten und Parkanlagen freuen.

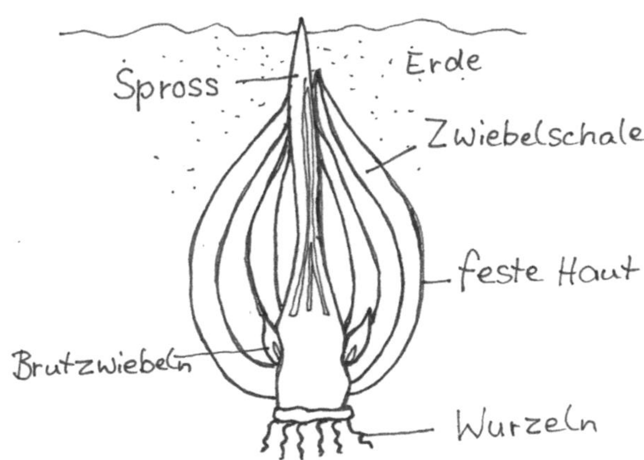

das Schneeglöckchen

der Krokus

die Narzisse

die Tulpe

Unterwegs

Basel

Basel ist eine Stadt in der Schweiz. Sie liegt im Norden des Landes, an der Grenze zu Deutschland und Frankreich.

Der Rhein fließt durch die Stadt. Viele Menschen gehen gern am Fluss entlang spazieren oder baden sogar darin. Viele Cafés und Restaurants gibt es am Flussufer. Man kann den Rhein mit kleinen Fähren überqueren.

Hier sieht man das Rathaus von Basel. Es liegt in der Altstadt und hat eine rote Fassade und einen schönen Innenhof. 1504 wurde mit dem Bau begonnen, andere Teile kamen später dazu.

Basel ist bekannt für Kunst und Kultur. Es gibt viele Museen, zum Beispiel das Kunstmuseum. Jedes Jahr im Frühling findet die „Art Basel“ statt, eine große Kunstmesse.

In Basel wird auch die Fastnacht gefeiert. Das ist ein buntes Fest mit Musik, Kostümen und vielen Laternen. Die Fastnacht beginnt früh am Morgen mit dem „Morgestraich“.
Die Basler Fastnacht beginnt etwa eine Woche später als in Deutschland.

Basel ist eine sehenswerte Stadt mit einer schönen Altstadt mit alten Häusern und keinen Gassen. Mit der Straßenbahn kann man leicht überall hin fahren.

Feste

Ostern in Europa

Zu Ostern feiern die Christen die Auferstehung von Jesus Christus.
Ostern ist immer am Sonntag nach dem ersten Vollmond im Frühling. Das Fest richtet sich also nach dem Mondkalender.
Ostern ist auch ein Frühlingsfest.

Deutschland:
Vor Ostern werden Eier ausgeblasen und bemalt. Dann hängt man sie an Zweige mit frischem Grün. Die Zweige stellt man in eine Vase.

Am Ostersonntag suchen die Kinder im Garten oder im Haus nach Ostereiern. Sie glauben, dass der Osterhase die Eier und auch Schokolade versteckt.

In manchen Orten gibt es Spiele wie Eierschießen, Eierwerfen oder Eierstoßen. Einige machen Osterfeuer.

Am Nachmittag essen manche Leute Kuchen in Form von einem Lamm.

Frohe Ostern!

Frankreich: *Von Gründonnerstag (der Donnerstag vor Ostern) bis Ostersamstag läuten keine Kirchenglocken. Erst am Sonntag, der Auferstehung von Jesus, läuten wieder die Glocken.*

Joyeuses Paques

Schweiz: *In der Schweiz gibt es viele Traditionen in den verschiedenen Kantonen. In Bern kommen Kinder und Erwachsene zusammen, um Eierstoßen zu spielen. Das stärkste Ei gewinnt.*

Frohe Ostern
(im deutschen Teil der Schweiz)

Spanien: *Spanier gehen am Ostersonntag zur Messe. Die Mädchen und Jungen tragen Palmwedel mit Süßigkeiten daran. Es gibt Prozessionen in den Städten.*
Vor der Kirche von Palma de Mallorca wird die Passionsgeschichte nachgespielt.

Felices Pascuas

Italien: *Man isst eine Ostertorte. Sie ist salzig, mit Spinat und gekochten Eiern. Auch hier gibt es am Karfreitag Prozessionen, die Menschen sind dunkel gekleidet.*

Buona Pasqua

Schottland:
Auf den Hügeln werden Osterfeuer angezündet. Der Brauch stammt noch aus der Zeit der Kelten.

A Chaisg Shona ghut
(gälisch)

Schweden:
Hier bringen die Osterküken die Ostereier. Die Wohnung wird mit Birkenzweigen geschmückt. Am Gründonnerstag ziehen die Mädchen mit Kopftüchern und langen Röcken von Haus zu Haus.

Glad Pask

Polen:
Am Ostersamstag wird ein Korb mit bemalten Eiern, Brot, Kuchen, Salz und Wurst gefüllt und am Sonntag in die Kirche gebracht. Dort segnet der Pfarrer die Körbe.
Der Ostermontag heißt in Polen „der nasse Montag". Die Männer spritzen die Frauen nass, am Dienstag ist es umgekehrt.

Wesolych Swiat Wielkanocnych

Bulgarien:
Man bewirft sich mit Ostereiern. Das Ei, das nicht zerbricht, ist Sieger.
Unverheiratete Mädchen backen ein Osterbrot aus Eiern, Zucker und Früchten.

Vesela Velikden

Russland:
Die Kirche dauert die ganze Nacht, bis 4.30 Uhr.
Am Feiertag treffen sich Familien zum Eierstoßen.
Gekochte Eier und Eier aus Kalk werden gegeneinander gestoßen.
Es gibt auch andere Osterspiele, z. B. werden Eier von einem Sandhügel gerollt.

Schastlivoy Paskhi

Gesundheit

Allergien, Heuschnupfen

Im schönen Frühling blühen viele Blumen. Nicht alle Menschen freuen sich darüber. Einige müssen auch leiden. Sie bekommen Schnupfen, tränende Augen oder Halsschmerzen.

Schuld daran sind die Pollen der Blüten. Deshalb nennt man Heuschnupfen auch Pollenallergie. Wir atmen kleine Teilchen von Blütenstaub ein, die in der Luft sind.

Genauso wie z. B. Hausstaub oder Tierhaare reizen die feinen Pollen die Schleimhäute in der Nase, im Hals und in den Augen.

Gerade von März bis Juli sind besonders viele Blütenpollen in der Luft.

Was kann man tun?

Zuerst muss ein Arzt feststellen, wogegen jemand allergisch ist. Vielleicht ist es eine

***Katzenhaarallergie**. Das ist relativ einfach, man kann Katzen meiden und die Beschwerden werden besser. Bei anderen Ursachen muss man Medikamente nehmen, also Spritzen, Tabletten oder Tropfen.*

*Gegen **Milbenallergie** hilft es, die Bettwäsche oft zu waschen, am besten bei 95 Grad. Natürlich ist da Bettwäsche aus Baumwolle am besten. Es gibt auch besondere Bettlaken (encasings), die die Matratze dicht verschließen. So kann man nachts besser atmen.*

*Bei **Hausstauballergie** kann man sicher stellen, dass man keine „Staubfänger“ in der Wohnung hat. Also Decken, Kissen, Kuscheltiere, Pullis, die offen herumliegen. Man muss alles oft waschen. Auch den Fußboden soll man feucht wischen und beim Staubwischen immer einen leicht feuchten Lappen benutzen.*
Beim Staubsaugen ist es wichtig, dass kein Staub in die Luft kommt. Am besten ist ein Staubsauger mit Wasserfilter.
Beim Staubsauger kann man den Beutel auch möglichst häufig wechseln.

Natur

Pflanzen vorziehen

Jetzt ist es Zeit Pflanzen zu säen und Garten, Balkon oder Terrasse zu planen.

Anfang März kann man Pflanzen an einem hellen Fenster säen. Man kann die Samen in Blumentöpfe, Joghurtbecher, Eierkartons oder in spezielle Aussaatschalen in gute Erde legen. Die Erde muss für Gemüse geeignet sein, also keine Blumenerde, kein künstlicher Dünger.
Die Samen leicht mit Erde bedecken. Feucht, aber nicht nass halten. Man kann die Erde mit einer Sprühflasche feutcht halten oder vorsichtig gießen.

Zuerst eignen sich Paprika, Peperoni und Auberginen zum Vorziehen. Auch Gurken, Tomaten, Kohlrabi, Salat und Kräuter.

Die Pflanzen brauchen Licht und Wärme, etwa 20 Grad sind gut.

Wenn die Pflanzen zu dicht wachsen, pikiert man

sie. Das heißt, man setzt sie in einzelne Töpfe, so dass nur noch eine Pflanze in einem Topf ist.

Auch Kinder haben Freunde daran, kleine Pflanzen wachsen zu sehen. Es macht Spaß, das Wachstum vom Samen bis zum fertigen Gemüse zu verfolgen.

Wann können die Pflanzen dann in den Garten oder auf den Balkon?

Etwa Mitte Mai ist es soweit, wenn es nachts keinen Frost mehr gibt. (Wetterbericht schauen!) Zuerst nur über Mittag raus in die Sonne stellen, dann draußen einpflanzen.

Viel Freude an dem eigenen Gemüse!

Kindermund

Wenn Kinder sprechen ...

1. *Ein Spielzeug ist kaputt. Sara, 3 Jahre, versucht, es zu reparieren.*
   Es klappt nicht.
   Sara sagt: „Ich habe doch keine Anleitung."

……………………………………………………………………

2. *Tim, 3 Jahre, schaut auf meinen Computer.*
   Ich habe ein Foto von ihm auf dem Bildschirm.
   Tim sagt: „Ich bin der Gleiche, stimmt´s?"

……………………………………………………………………

3. *Oma geht mit den Kindern auf den Spielplatz.*
   Sie sitzt auf einer Bank, die Kinder schaukeln und rutschen.
   Selina kommt zu ihr und sagt:
   „Du passt auf, dass wir nicht geklaut werden, ja?"

4. *Sofia, 5 Jahre, ist mit den Eltern im Urlaub. Sie fahren mit dem Boot. Das Boot schaukelt sehr.*
   Am Strand fragt Papa: „Hast du Angst gehabt, Sofia?"
   Sofia: „Nein."
   Papa: „Du bist ja auch meine Tochter."
   Mama sagt: „Aber ich habe Angst gehabt."
   Sofia: „Du bist ja auch nicht unsere Tochter."

....

5. *Sandro ist vier Jahre alt. Er kennt viele Freunde seiner Eltern und hat Geschichten gehört, wie sie sich kennengelernt haben.*

Oma ist zu Besuch. Sandro überlegt und fragt dann: „Wie haben wir eigentlich die Oma kennengelernt?"

Suchrätsel

zum Thema Frühling

Ü = UE   Ä = AE

B	L	U	M	E	N	O	D	W	Q
L	D	X	W	G	F	S	G	K	N
A	U	W	A	R	M	T	K	F	A
E	M	K	L	U	R	E	I	E	R
T	U	L	P	E	Y	R	X	R	Z
T	G	R	A	S	G	N	T	I	I
E	K	R	O	K	U	S	H	E	S
R	M	A	L	E	N	H	A	N	S
V	O	G	E	L	N	E	S	T	E
M	G	R	S	O	N	N	E	S	E

Finden Sie 15 Wörter. Lösung Seite 38

Gehirnjogging

Rätsel 1: (Lösung S. 38)

Ich gehe einen Kilometer nach Süden, dann einen Kilometer nach Osten. Dann gehe ich einen Kilometer nach Norden und bin wieder an der Ausgangsstelle. Dort treffe ich einen Bären.

Welche Farbe hat der Bär?

Rätsel 2: (Lösung S. 38)

Ein Mann betritt ein Hutgeschäft und kauft einen Hut für 20 €. Er bezahlt mit einem 50-Euro-Schein. Der Verkäufer kann nicht wechseln und geht zum Nachbarn, einem Bäcker. Er kommt mit fünf 10-Euro-Scheinen zurück. Davon gibt er dem Käufer 30 € und legt 20 € in die Kasse.
Später kommt der Bäcker aufgeregt in das Hutgeschäft und sagt: „Der 50-Euro-Schein ist falsch!"
Seutzend gibt der Hutverkäufer dem Bäcker einen echten 50-Euro-Schein.
Wie hoch ist der Schaden des Hutverkäufers?

Wissen: Wann ist Frühling?

Man nennt ihn auch „Frühjahr“ oder „Lenz“. Die Länge des Tages nimmt gegenüber der Nacht zu.

Astronomischer Frühling:
Er beginnt mit der Tag- und Nachtgleiche. Der Tag hat genau 12 Stunden und die Nacht hat auch 12 Stunden.
In Deutschland beginnt diese Zeit etwa am 19. bis 21 März. Der astronomische Frühling endet etwa am 21. Juni, der Sommersonnenwende.
Zur Sommersonnenwende ist es 16 Stunden hell und 8 Stunden dunkel. Das ist der längste Tag im Jahr.

Meteorologischer Frühling:
In Deutschland und auf der ganzen Nordhalbkugel in den Monaten März, April und Mai.
Der Frühling beginnt am 1. März und endet am 31. Mai.

Kalendarischer Frühlingsanfang: *am 21. März*

Frühlingsgedichte

Frühling lässt sein blaues Band
wieder flattern durch die Lüfte.
Süße, wohlbekannte Düfte
streifen ahnungsvoll das Land.
Veilchen träumen schon,
wollen balde kommen.
Horch, von fern ein leiser Harfenton!
Frühling, ja, du bist´s!
Dich hab ich vernommen.
Eduard Mörike (1804 – 18 75)

Herr Winter,
geh hinter,
der Frühling kommt bald!
Das Eis ist geschwommen,
die Blümlein gekommen,
und grün wird der Wald.
Herr Winter,
geh hinter,
dein Reich ist vorbei.
Die Vögelein alle
mit jubelndem Schalle
verkünden den Mai.
Christian Morgenstern (1871 – 1914)

Leise zieht durch mein Gemüt
liebliches Geläute.
Klinge, kleines Frühlingslied,
kling hinaus ins Weite.

Kling hinaus, bis an das Haus,
wo die Blumen sprießen,
wenn du eine Rose schaust,
sag, ich lass sie grüßen.
Heinrich Heine (1797 – 1856)

Übern Garten durch die Lüfte
hört ich Waldvögel ziehn,
das bedeutet Frühlingsdüfte,
unten fängt´s schon an zu blüh´n.

Jauchzen möcht ich, möchte weinen,
ist mir´s doch, als könnt´s nicht sein!
Alte Wunder wieder scheinen
mit dem Morgenglanz herein.

Und der Mond, die Sterne sagen´s,
und in Träumen rauscht´s der Hain,
und die Nachtigallen schlagen´s:
Sie alleine, sie ist dein!
Joseph von Eichendorff (1788 – 1857)

Rezept

Osterzopf

Es ist Tradition: Zum Osterfrühstück schmeckt ein Hefezopf gut. Manchmal hat er die Form eines Hasen, aber oft ist es einfach ein Zopf.

Zutaten: 500 Gramm Mehl, ½ Würfel Hefe, 75 Gramm Zucker, 125 ml Milch, 2 Eier, ½ Teelöffel Salz, 1 Päckchen Vanillezucker, 100 Gramm weiche Butter

Hefe, Milch, Butter und Eier sollen Raumtemperatur haben.

Hefe in lauwarmer Milch auflösen. Mit 1 TL Zucker und etwas Mehl zu einem Vorteig verrühren. Zugedeckt stehen lassen, bis er doppelt so groß ist (etwa 20 Minuten)

Dann die restlichen Zutaten dazugeben. Gut kneten, mit der Hand oder mit dem Knethaken des Rührgeräts.

Der Teig muss wieder ruhen, bis er sich verdoppelt hat (etwa 1 Stunde).
Wieder kneten, dann in 3 lange Streifen schneiden und rollen (etwa 60 cm). Dann aus den Rollen einen Zopf flechten. Nochmals etwa 1 Stunde an einem warmen Ort gehen lassen.

Mit einem verrührten Ei bestreichen, eventuell auch Hagelzucker darüber streuen.

Bei 160 Grad Umluft oder 180 Grad Unter- und Oberhitze 20 bis 30 Minuten goldbraun backen.

Wie schreibt man das?

Menschen bei der Arbeit

Die Sprachlehrerin

Martina Wolf ist Sprachlehrerin bei der VHS. Sie gibt Vormittagskurse, Abendkurse und Kurse im Kindergarten. Sie unterrichtet Englisch und Deutsch.

Frau Wolf, was gefällt Ihnen gut an Ihrer Arbeit?

Ich kann mir die Zeit selbst aussuchen. Bei mir ist der Vormittag am besten, weil meine Kinder da zur Schule gehen. Außerdem gefällt mit, dass ich mit Menschen zu tun habe und dass meine Arbeit nie langweilig ist.

Arbeiten Sie lieber mit Kindern oder mit Erwachsenen?

Diese Frage kann ich nicht beantworten. Der Englischkurs im Kindergarten macht mir sehr viel Spaß. Ich freue mich, wenn die Kinder neue Wörter sprechen und Lieder mitsingen. Auf der anderen Seite finde ich es schön, mit Erwachsenen zu arbeiten. Viele brauchen das Gelernte bei der Arbeit oder im Urlaub. Das gibt mir das Gefühl, dass meine Arbeit wichtig ist.

Was gefällt Ihnen nicht so gut an Ihrer Arbeit?

Ganz selten kommt es vor, dass mal etwas nicht so läuft, wie ich es geplant habe. Zum Beispiel ist manchmal eine Aufgabe zu schwer für meine Teilnehmer und sie sind dann gestresst. Das finde ich natürlich nicht gut. Die Leute sollen Spaß am Lernen haben. Manchmal werden die Kurse nicht voll. Es müssen mindestens acht Personen sein. Das finde ich schade.

Warum arbeiten Sie an der VHS, also an der Volkshochschule?

Zum einen, weil ich selbst bestimmen kann,

wieviel ich arbeiten und zu welchen Uhrzeiten. Das ist besser für meine Familie. Wenn es Probleme gibt, zum Beispiel ein Kind Schwierigkeiten in der Schule hat, kann ich im nächsten Halbjahr Arbeitszeit reduzieren und mehr Zeit für das Kind haben.
Zum anderen bin ich gern an der VHS. Alles wird gut organisiert, die Räume, die Werbung. Ich muss mich nur um den Unterricht kümmern.

Sie haben einzelne Kurse an verschiedenen Tagen. Sie sind also allein und haben keine Kollegen?

Nein, so ist es nicht. Ich kenne viele andere Dozenten an der VHS. Einmal im Jahr haben wir ein Treffen, wo wir zusammen essen gehen und uns kennenlernen können. Das ist sehr interessant. Ich bin immer wieder erstaunt, was andere Dozenten anbieten. Von Kochen bis Yoga, von Gymnastik bis Malen ist alles dabei. Viele Kollegen und Kolleginnen kenne ich gut.

Haben Sie noch andere Vorteile?

Die VHS bezahlt auch Fortbildungskurse. Das finde ich gut. Ich kann mich weiterentwickeln. Fast jedes Jahr mache ich eine Fortbildung.

Da wünsche ich Ihnen noch viel Erfolg bei Ihrer Arbeit. Und viele nette Teilnehmer. Vielleicht mache ich ja auch einmal einen Englischkurs bei Ihnen.
Ich möchte meine Tochter in Australien besuchen. Und mein Schulenglisch ist ein bisschen eingerostet.

Herzlich willkommen. Ich würde mich freuen.

Reim gesucht

1. Ostermorgen, grünes Gras.
   Heute kommt der Oster.............

2. Kinder, schnell, in jeder Ecke,
   und im Garten bei der H ....
   suchen wir in kurzer Zeit
   manche leckere Süßigk.........

3. Schokolade, süß und braun,
   ganz verlockend anzusch ....

4. Oh, da hab ich in der Hand
   Ostereier aus Krok ....
   Gummibärchen und Pralinen
   sind jetzt auch im Gras ersch ....

5. Danke, lieber Osterhas´
   für die Gaben hier im Gr ....

Lösung Seite 38

Lösungen

Suchrätsel S. 25

waagerecht: Blumen, warm, Eier, Tulpe, Gras, Krokus, malen, Vogelnest, Sonne
senkrecht: Blätter, grün, Ostern, Narzisse

Gehirnjogging S. 26

1. *Der Bär ist weiß. Wenn man einen Kilometer nach Süden geht, dann einen Kilometer nach Osten, dann einen Kilometer nach Norden und dann wieder am Ausgangspunkt ist, dann ist man am Nordpol.*
2. *Der Schaden beträgt 50 Euro.*
   In die Kasse kamen 20 € vom Bäcker. Der Hutverkäufer bezahlte die 20 € zurück plus 30 €. Dazu kommt der Preis für den Hut.

Reim gesucht S. 36

1. *Osterhas 2. Hecke 3. Süßigkeit 4. anzuschaun 5. Krokant 6. erschienen 7. Grase*

Bildnachweise:
Seite 11, 12, 13: Gudrun Kleinert
Seite 31: Internet
Alle anderen Bilder und Zeichnungen: Gisela Darrah

FSC
www.fsc.org
MIX
Papier aus verantwortungsvollen Quellen
Paper from responsible sources
FSC® C105338